AF581828

MÉMOIRE

ADRESSÉ

PAR DIVERS HABITANS DE LURI

à M. le Procureur Impérial

PRÈS

LE TRIBUNAL CIVIL DE BASTIA.

A M. le Procureur Impérial près le Tribunal Civil de Bastia.

M. le Procureur Impérial,

Nous soussignés, propriétaires demeurants et domiciliés à Tufo (commune de Luri), avons l'honneur de vous exposer respectueusement ce qui suit :

Le lundi 12 du courant, M. le Brigadier de Gendarmerie résidant à Luri s'est rendu au milieu de nous, et nous a intimé défense, en votre nom, de nous introduire à l'avenir dans l'oratoire de Notre-Dame des Grâces, sis à Tufo, notre hameau, sous peine d'en être expulsés de vive force et de nous voir traduits devant les tribunanx correctionnels. Nous avons demandé ce qui avait pu provoquer une mesure aussi grave de la part du parquet, en quoi l'ordre public aurait été troublé par nous, quelle était la partie offensée ou plaignante? Toutes ces questions sont restées sans réponse : elles demeurent pour nous à l'état d'énigme. De sorte que nous nous trouvons désignés aux poursuites de l'autorité sans pouvoir nous justifier d'une accusation que nous ne connaissons pas : nous voudrions chercher les moyens de faire lever un ordre aussi rigoureux; mais ignorant notre crime, nous ne connaissons pas davantage la manière de le réparer. Nous espérons, néanmoins, que la lumière se fera et qu'elle présentera les choses sous leur véritable aspect. Dans l'obscurité où nous sommes plongés nous ne pouvons que raconter les faits qui se sont passés à Luri, et la querelle à laquelle ont donné lieu les oratoires privés appartenant aux divers hameaux de cette commune, notamment celui du hameau Tufo.

Nous sommes des citoyens pacifiques : nous avons toujours vécu dans le respect des lois et de la propriété : nous ne sommes pas moins dévoués à la religion catholique, soumis à ses ministres dans l'ordre spirituel, c'est-à-dire, pour tout ce qui concerne le dogme et le culte extérieur : nulle difficulté à cet égard. Mais voici où commence la divergence : Monseigneur l'Évêque et M. le Curé de Luri prétendent au moyen du spirituel envahir le temporel et s'attribuer la direction d'intérêts purement mondains : nous soutenons, de notre côté, que ces matières échappent à la compétence ecclésiastique : que les prêtres sortent de la sphère d'action qui leur est tracée par les lois lorsqu'ils viennent s'immiscer dans des contestations de propriété. C'est une usurpation par trop flagrante: et quand nous revendiquons de pareils principes, nous sommes fondés à croire que nous trouverons appui et protection auprès des honorables magistrats qui composent le parquet.

Depuis un temps immémorial, depuis plus de cent ans (nos registres en font foi), les habitans du hameau Tufo sont en possession de l'oratoire de Notre-Dame des Grâces : ils l'entretiennent à leurs frais, au moyen de cotisations perçues périodiquement ; ils achètent les vases sacrés et autres objets destinés aux cérémonies religieuses : ils paient de leurs deniers le ministre qui vient y célébrer la messe. Comme supplément de ressources, ils ont affecté au culte de leur Sainte divers immeubles qu'ils ont toujours administrés eux-mêmes. A cet effet, les habitans copropriétaires de l'oratoire et des immeubles se réunissent tous les ans et délèguent un ou plusieurs fondés de pouvoirs, chargés de leur rendre compte de leur gestion au bout de l'année. Les oratoires des autres hameaux se trouvent dans des conditions identiques. Ces biens n'ont jamais fait partie de la dotation des anciennes paroisses : sous la révolution ils n'ont jamais été confisqués ni vendus comme biens nationaux : aucun décret du gouvernement n'en a ordonné la restitution aux Fabriques : aucun arrêté du Conseil d'État n'en a accordé l'envoi en possession. La Fabrique de Luri sait parfaitement qu'elle n'a aucun titre pour en réclamer la propriété ou la jouissance. Aussi, jusqu'à ces derniers temps s'est-elle scrupuleusement conformée aux anciens usages : elle s'est bien gardée d'inquiéter les légitimes possesseurs, et la tranquillité la plus complète régnait dans la commune, du moins quant aux affaires religieuses.

Ce n'est que récemment qu'a été élevée la prétention d'incorporer ces oratoires et les biens qui en dépendent dans le patrimoine de la Fabrique. D'abord on a voulu tenter les voies judiciaires : le débat s'est engagé avec les habitans du hameau Castiglioni. Mais l'issue du procès a déjoué complètement les calculs des fabriciens: un jugement du Tribunal civil de Bastia, en date du 11 août 1854 a déclaré que l'oratoire de ce hameau consacré à Notre-Dame du Mont Carmel, était une propriété purement privée, et la Cour a maintenu la décision des premiers juges.

La jurisprudence s'étant prononcée, la Fabrique a renoncé a intenter de nouveaux procès : mais elle ne s'est pas tenue encore pour battue. A défaut de moyens légaux, elle s'est avisée d'un stratagème qui lui fait espérer de ressaisir sa proie. Aujourd'hui, la Fabrique ne conteste plus aux habitans des divers hameaux leur qualité de propriétaires; mais, par une véritable aberration de raisonnement, elle soutient qu'à elle seule est dévolue l'administration de leurs biens : ou, ce qui revient au même, que les administrateurs de ces hameaux sont tenus de lui rendre compte de leur gestion, et de se soumettre à son contrôle. En réalité, elle veut prendre la haute main dans cette administration et s'arroger tout l'effectif du pouvoir : les délégués de chaque village ne seraient plus que ses instrumens. On perd nominalement un vain titre: on en recueille, par le fait, les émolumens. C'est s'adjuger indirectement tous les avantages de la propriété. La tentative est manifeste.

Mais, nous le demandons de bonne foi : si ces biens ne sont jamais entrés dans le patrimoine de la Fabrique, s'ils n'ont jamais été des biens de main-morte, de quel droit son trésorier pourrait-il en réclamer l'administration ? Serait-ce dans l'intérêt exclusif des propriétaires, pour les protéger contre leur propre faiblesse, pour conjurer les périls qui résulteraient de leur ignorance ou de leur incapacité? Une prétention aussi ridicule ne serait justiciable que des petites maisons. La Fabrique est un être moral : elle est assimilée aux mineurs : c'est ce qui l'a fait placer sous la tutelle administrative. Les propriétaires sont majeurs et maîtres de leurs droits. Or, voici un mineur qui voudrait prendre sous sa tutelle des majeurs! N'est ce pas le renversement le plus complet de toutes les règles de droit et de bon sens? Comment celui qui n'est pas capable de se protéger lui-même pourrait-il nous offrir une protection?

On l'a si bien senti qu'on essaie maintenant de transformer ces Oratoires en Chapelles de secours. Mais une chapelle de secours, annexe et dépendance de la Cure dont elle abrège la distance pour les populations trop éloignées, en mettant les secours spirituels à leur portée, tombe nécessairement dans le domaine de la Fabrique. Il ne faut pas alors invoquer simplement un droit d'administration : on doit aller plus loin, et, au mépris des décisions judiciaires, soutenir qu'on a la propriété pleine et entière. Vraiment on a eu tort de s'arrêter en aussi beau chemin !

Entrons maintenant dans le cœur de la question. Si la Fabrique n'avait pas compris que son droit d'administration n'est qu'une chimère, elle aurait saisi les tribunaux civils de sa prétention : c'est ainsi qu'elle a débuté quand elle s'est posée en propriétaire. Elle décline aujourd'hui la juridiction légitime. A vous M. le Procureur Impérial, de juger si la voie qu'elle a choisie est licite, et si ceux qui ont contracté le devoir de défendre la religion n'en compromettent pas souvent les intérêts les plus sacrés. La religion n'a rien à gagner, selon nous, lorsque ses ministres donnent le signal de la désobéissance aux lois et aux autorités constituées, lorsqu'ils veulent enlever à César ce qui appartient à César.

Les habitans de Luri ont la coutume de célébrer chaque année la fête patronale de leurs hameaux respectifs : ce sont des jours de repos et de joie qui font diversion à leurs labeurs quotidiens. Toute la commune accourt à ces réunions : chaque village invite à son tour les habitans des autres villages : on fête la mémoire du saint, on va à la messe, on paie le Curé, puis viennent les repas et les danses. Pour ceux qui connaissent la vie des campagnes et sa monotonie, il est facile de comprendre combien nous devons tenir à ces fêtes. Leurs plaisirs modestes nous aident seuls à supporter le poids incessant de nos fatigues. Nous enlever ces réjouissances périodiques, c'est nous menacer dans nos croyances, dans nos habitudes, et, jusqu'à un certain point, dans notre existence. C'est aussi par là qu'on a espéré nous réduire à la discrétion de la Fabrique.

M. le Curé de Luri nous a fait dire que, par ordre de Monseigneur, il ne pouvait célébrer la messe dans nos oratoires, tant que nous ne consentirons pas à nous dépouiller du droit de les administrer nous-mêmes. Voilà un moyen de coercition dans lequel on met beaucoup plus de confiance que dans l'intervention de la justice! C'était nous mettre le marché à la main : la messe devient un effet négociable; elle se troque contre des sacrifices pécuniaires.

M. le Curé nous a présenté à cet effet, un projet de déclaration dont nous vous transmettons ci-joint copie. (*) Outre l'abandon du droit d'administration, vous pourrez remarquer dans ce document une phrase très-ambiguë, et qui, plus tard, serait infailliblement invoquée par la Fabrique comme un titre de propriété :

« *Si sottomettono puramente e semplicemente a tutto ciò che è di dovere.* »

TUTTO CIÒ CHE È DI DOVERE! — Pour être vagues ces expressions n'en sont pas moins des plus compréhensives. On peut les restreindre, à la vérité, au fait unique de l'administration; mais on peut aussi les étendre beaucoup plus loin : non seulement à l'exercice du droit, mais au fond du droit lui-même. C'est la manière la plus juridique de les interpréter, si l'on ne veut pas les considérer comme une superfétation à côté des mots suivans :

« *Rendendo i conti davanti il Curato ed il Consiglio di fabbrica.* »

Evidemment, d'après l'économie générale de l'acte, sous l'apparence d'une concession administrative, il se cache au fond une abdication habilement déguisée de la propriété.

Ainsi, dans cette affaire, Monseigneur se constitue à la fois juge et partie. Il veut nous forcer à reconnaître aux Fabriques un droit qui ne saurait leur appartenir, et que, dans tous les cas, les tribunaux ont seuls mission de vérifier. Il veut, en même temps, nous dé-

(*) Voir à la fin

pouiller de nos droits, et dépouiller le pouvoir laïque de ses attributions. En acceptant une pareille ingérence nous aurions manqué, en même temps, aux lois de notre pays, et à la religion qui nous ordonne de les respecter. Nous avons répondu par un refus; d'autres hameaux ont fait le contraire. Qu'en est-il arrivé? Ceux-ci ont pu recevoir la visite de leur pasteur et entendre la messe; quant aux autres, les serviteurs de Dieu leur ont refusé toute assistance : la bénédiction apostolique s'est retirée de leurs temples. A coup sûr une pareille conduite est bien peu chrétienne; et cependant, aucun désordre n'a éclaté dans la commune, grâce à la modération exemplaire de ses habitans. Ils ont pensé que la présence du prêtre dans les églises, nécessaire pour célébrer la messe et procéder aux autres cérémonies, ne l'était pas lorsqu'il s'agit simplement de prier Dieu et de chanter ses louanges. Ceci arrive tous les jours : tous les jours, sans le prêtre, les fidèles se réunissent pour chanter l'office. Nous n'avons pas procédé autrement : nous avons fait notre neuvaine à Tufo, dans l'oratoire de Notre-Dame des Grâces, et nous y avons chanté l'office. Nous nous sommes renfermés, à cet égard, dans la plus stricte légalité.

Prier Dieu, chanter ses louanges, serait-ce donc une œuvre abominable! C'est pourtant là ce que vient de nous apprendre Monseigneur, par son décret en date du 5 août dernier, affiché naguère à la porte de l'Église de Luri. Le chef du diocèse, à raison des scandales qui ont souillé, dit-il, nos oratoires, les frappe d'interdit, avec prohibition de s'y livrer à des pratiques religieuses, même à de simples prières, sous peine de pêché mortel. Si quelqu'un a été surpris et profondément étonné en entendant parler de scandale et de désordres, c'est bien nous, M. le Procureur, car nous vous avons fait l'aveu sincère et complet de nos fautes. Monseigneur et son Curé, nous regrettons de le dire, ont voulu persister jusqu'au bout dans la voie fâcheuse où ils sont entrés. Furieux de voir qu'on allait à l'Église sans eux, qu'on priait sans eux, qu'on chantait sans eux, qu'on se passait d'eux, mais par dessus tout, que nos signatures leur échappaient, ils n'ont pu tenir à ce spectacle; ils ont voulu à tous prix nous expulser d'un édifice qui est, à la fois, un temple consacré à la piété et une propriété particulière. Ce louable calcul a été couronné d'un plein succès! Notre surprise est parvenue à son comble quand la force armée nous a fait entendre, de votre part, des menaces de répression, comme si nous étions des malfaiteurs en rupture de ban! Il faut bien que votre religion ait été trompée par un exposé très-peu historique des événements.

Nous le répétons encore : en matière de foi et de culte, nous nous soumettons pour l'avenir, comme nous l'avons fait par le passé, aux prescriptions de l'autorité religieuse : quant aux choses terrestres, nous ne reconnaissons que le pouvoir laïque : nous ne voulons obéir qu'à ses décisions. Nous sommes prêts à soutenir en justice les droits que nous avons tant à la propriété qu'à l'administration des biens possédés par nous : nous entendons les régir par nous-mêmes comme nous avons fait jusqu'à présent.

Nous refusons par un second motif, non moins important que le premier, de soumettre cette gestion à la Fabrique de Luri : c'est qu'elle administre fort mal ce qu'on appelait jadis le patrimoine des pauvres; c'est qu'elle se permet de faire des travaux sans adjudication, d'aliéner des rentes et des immeubles sans remploi, de ressusciter des rentes foncières, des droits de champart, des emphytéoses perpétuelles, et chose plus incroyable, des droits féodaux, ces derniers vestiges de l'ancien régime que le vent de nos révolutions a balayés sans retour. Voilà, Monsieur le Procureur Impérial, des scandales bien autrement graves, bien autrement dignes de fixer votre attention, et qui s'accomplissent tous les jours dans la commune de Luri. Ce sont des populations pauvres et pourtant bien laborieuses, des paysans attachés au gouvernement, qui paient l'impôt à la sueur de leur front, sur lesquels on prélève des redevances illicites qui les font succomber plus tard dans l'acquittement des charges publiques. Ce n'est pas nous que vous devez poursuivre pour outrages à la religion et pour insoumission aux lois. C'est le Clergé qui nous refuse les consolations de la foi; qui oubliant le salut des âmes, son unique mission, s'empare de l'administration des Fabriques réservée uniquement aux Trésoriers; qui nous menace des peines du ciel si nous ne lui cédons pas les biens de la terre; qui déserte nos églises et nous en chasse à notre tour, en semant sur ses pas la discorde et la haine; qui lance contre nous l'anathème pour s'emparer de nos propriétés. Oui, ce sont là de grands scandales, des exemples d'insubordination et de convoitise qui affligent le cœur des fidèles, et qu'il serait bien temps de faire cesser. Pour notre compte, quoique nous n'ayons aucune part dans l'autorité publique, nous prenons l'engagement de porter ces faits à la connaissance du Conseil d'État pour qu'il rappelle au Clergé sa véritable mission et son vœu de pauvreté. Le royaume des prêtres n'est pas de ce monde, mais ils n'ont jamais voulu le comprendre.

En attendant, Monsieur, nous espérons que mieux informé, vous voudrez bien révoquer l'ordre qui nous concerne. Vous ne nous fermerez pas l'entrée d'un temple qui n'est pas seulement un lieu de dévotion, mais aussi notre légitime propriété, bâti par nos ancêtres, enrichi par les dons des générations qui leur ont succédé, et considérablement amélioré par nous. Vous ne nous laisserez pas en butte à des persécutions non moins injustes qu'odieuses, qui troublent les intérêts, alarment les consciences, en même temps qu'elles ébranlent les plus solides fondemens de la religion.

Dans l'espoir que vous voudrez bien faire droit à notre réclamation,

Nous avons l'honneur d'être avec, le plus profond respect,

Monsieur le Procureur Impérial,

Vos très-humbles et très-obéissants serviteurs,

(*Suivent les signatures*).

AURÈLE ESTELA, avocat.

Déclaration présentée à la signature des habitans du hameau Tufo.

Monsignore,

Gli abitanti del villaggio del Tufo, di unanime consentimento, han ricorso alla Illustrissima e Reverendissima sua Signoria per significarle, che eglino non possono più dimorare sotto gli ordini dati al signor Curato di Luri, di non più celebrare la messa nella Cappella della Madonna delle Grazie esistente nel detto villaggio, a motivo che essi non voleano riconoscere che detta cappella è una vera cappella di soccorso, quindi pretendeano di amministrarla da se soli, senza riconoscere la competente autorità; ora per ovviare a tal inconveniente essi *si sottomettono puramente e semplicemente a ciò che è di dovere, rendendo i conti davanti il Curato ed il Consiglio di Fabbrica e da essi sottoscritti.*

Frattanto la preghiamo caldamente di accettare tale riconoscenza per evitare ogni litigio e disaccordo tra noi, ed ordinare nel tempo stesso al signor Curato di celebrarvi le funzioni pastorali come per l'avanti.

Fatto in Luri e sottoscritto dagli abitanti del Tufo, questo atto di riconoscenza, oggi li 4 Settembre 1857.

BASTIA. — IMPRIMERIE OLLAGNIER.

www.ingramcontent.com/pod-product-compliance
Lightning Source LLC
LaVergne TN
LVHW050235180726
843501LV00014BA/4350

* 9 7 8 2 3 2 9 6 2 8 5 1 6 *